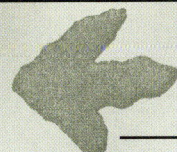 

DINO HISTORIAS

TIRANOSAURIO

LAGARTO TIRANO

ROB SHONE
ILUSTRACIONES DE JAMES FIELD

OCEANO travesía

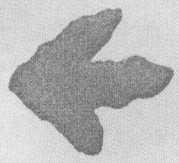

Editor de Océano Travesía: Daniel Goldin

TIRANOSAURIO. LAGARTO TIRANO

Título original: Tyrannosaurus. The tyrant lizard

Tradujo Juan Elías Tovar de la edición original en inglés de David West, Londres

© 2008, David West Children's Books

D.R. ©, 2009 Editorial Océano S.L.
Milanesat 21-23
Edificio Océano
08017 Barcelona, España
Tel. 93 280 20 20
www.oceano.com

D.R. ©, 2009 Editorial Océano de México, S.A. de C.V.
Blvd. Manuel Ávila Camacho 76, 10º piso
Col. Lomas de Chapultepec, Del. Miguel Hidalgo,
Código Postal 11000, México, D.F.
Tel. (55) 9178 5100
www.oceano.com.mx

PRIMERA EDICIÓN

ISBN: 978-84-494-3931-5 (Océano España)
ISBN: 978-607-400-096-2 (Océano México)

Quedan rigurosamente prohibidas, sin la autorización escrita del editor, bajo las sanciones establecidas por las leyes, la reproducción parcial o total de esta obra por cualquier medio o procedimiento, comprendidos la reprografía y el tratamiento informático.

IMPRESO EN ESPAÑA / *PRINTED IN SPAIN*
9002614010709

CONTENIDO

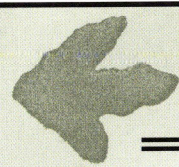 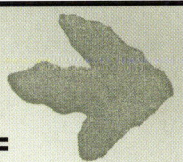

¿QUÉ ES UN TIRANOSAURIO?
Conoce los hechos sobre este increíble dinosaurio
página 4

PRIMERA PARTE...
EL ÚLTIMO HUEVO
página 6

SEGUNDA PARTE...
LA MANADA
página 10

TERCERA PARTE...
TERRITORIO PROPIO
página 18

CUARTA PARTE...
EL INCENDIO
página 24

LOS RESTOS FÓSILES
Aprende sobre los fósiles de tiranosaurio
página 30

GALERÍA DE DINOSAURIOS
Busca los animales que aparecen en la historia
página 31

GLOSARIO E ÍNDICE
página 32

¿QUÉ ES UN TIRANOSAURIO?

TIRANOSAURIO SIGNIFICA LAGARTO TIRANO

El tiranosaurio tenía buen sentido del equilibrio y del oído.

El tiranosaurio tenía un agudo sentido del olfato.

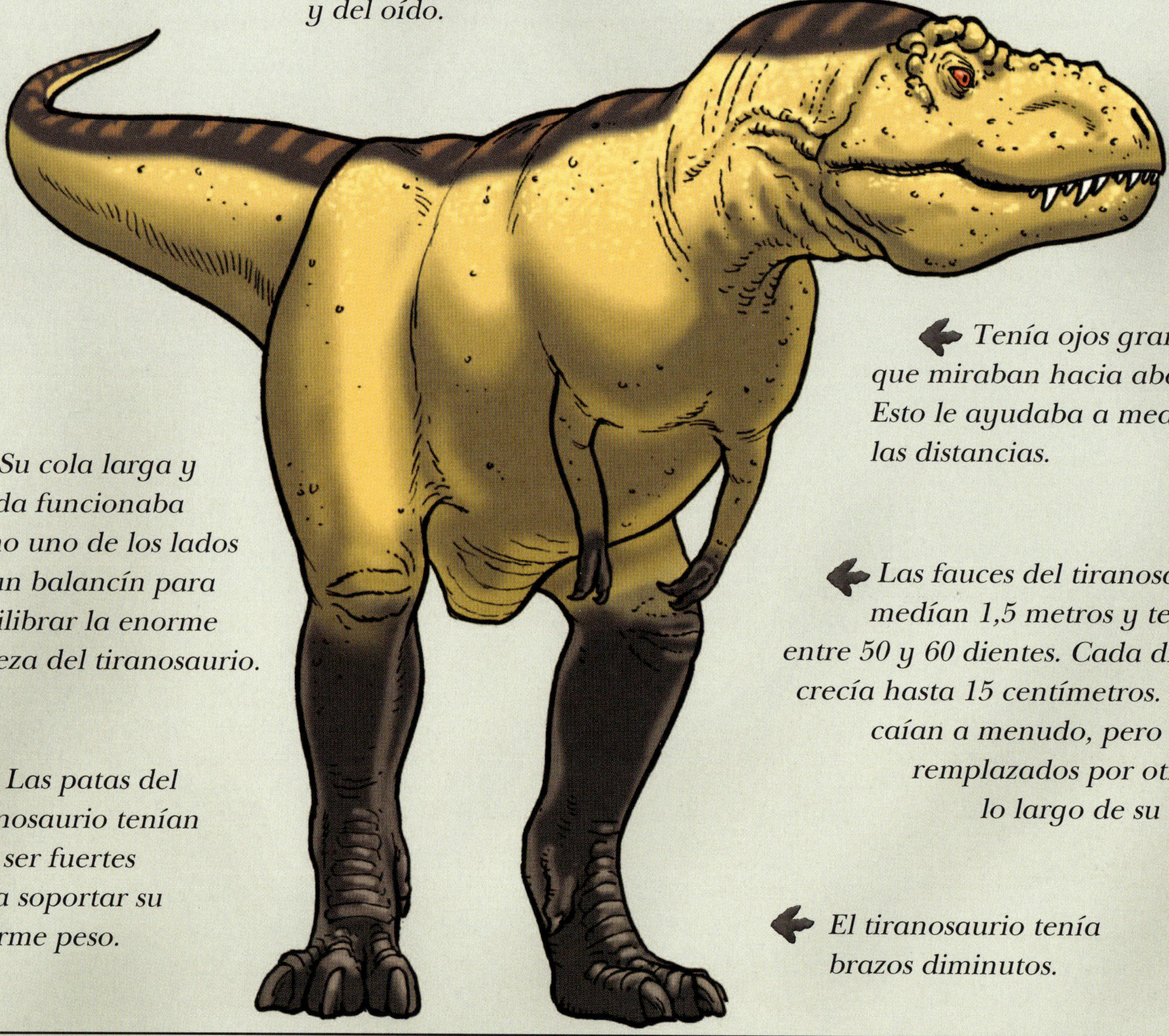

Tenía ojos grandes que miraban hacia abajo. Esto le ayudaba a medir las distancias.

Su cola larga y rígida funcionaba como uno de los lados de un balancín para equilibrar la enorme cabeza del tiranosaurio.

Las fauces del tiranosaurio medían 1,5 metros y tenían entre 50 y 60 dientes. Cada diente crecía hasta 15 centímetros. Se le caían a menudo, pero eran remplazados por otros a lo largo de su vida.

Las patas del tiranosaurio tenían que ser fuertes para soportar su enorme peso.

El tiranosaurio tenía brazos diminutos.

EL TIRANOSAURIO REX VIVIÓ HACE UNOS 65 A 70 MILLONES DE AÑOS, DURANTE EL **PERIODO CRETÁCICO**. SE HAN ENCONTRADO **FÓSILES** DE SU ESQUELETO EN NORTEAMÉRICA.

Un tiranosaurio adulto medía más de 12 metros de largo, 5 metros de alto y pesaba 6.800 kilos (6,8 toneladas).

CRECIMIENTO

El tiranosaurio rex crecía constantemente durante los primeros 13 años de vida. Durante los siguientes cuatro o cinco años aumentaba 2 kilos de peso cada día. En ese periodo pasaba de pesar 1.000 kilos (1 tonelada) a más de 5.000 kilos (5 toneladas). Sin embargo, para ser animales tan grandes tenían una vida corta. Vivían alrededor de 30 años.

Los dientes del tiranosaurio medían hasta 15 cm de largo. El borde trasero de cada diente era afilado y ondulado, como un cuchillo para bistec. Esto les facilitaba atravesar la carne.

Los brazos del tiranosaurio quizá eran pequeños, pero sus huesos anchos sostenían músculos fuertes.

DE LA MANO A LA BOCA

Con un cráneo de 1,5 metros y dientes que eran del tamaño y la forma de una banana, el tiranosaurio sólo pudo haber sido carnívoro. Tenía la mordida más poderosa de todos los animales y fácilmente podía triturar hasta los huesos más grandes.

Sus brazos de dos dedos eran diminutos, pero poderosos. Cada uno podía levantar 1.000 kilos (1 tonelada). Quizá eran utilizados para sostener a su **presa** mientras sus dientes entraban en acción.

La mordida del cocodrilo americano es casi tan poderosa como la de un tiranosaurio.

El ruido proviene de la madre de las **crías**. Ella ha estado cazando de verdad y les trajo comida.

La madre tiranosaurio deja a las crías con su comida.

Quiere visitar su nido. La mayoría de sus crías ya salieron del cascarón, pero puede ser que queden algunos huevos.

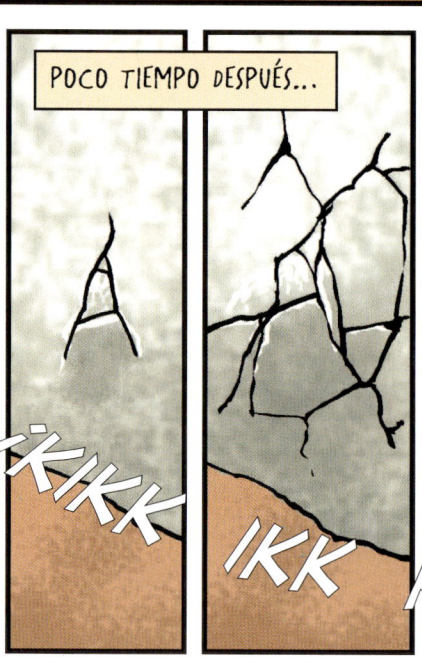

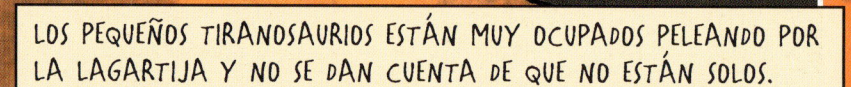

Se trata de un Chirostenotes que huye de algo.

Los Atrocirráptores huyen. Hasta los pequeños tiranosaurios corren al ver que su madre persigue furiosa al Chirostenotes que trató de robar un huevo.

Es la última vez que la madre de las crías vendrá a rescatarlas. Tiene que cuidar su nuevo nido y sus nuevos huevos. Desde ahora los jóvenes tiranosaurios tendrán que cuidarse solos.

HAN PASADO SIETE AÑOS. LOS JÓVENES TIRANOSAURIOS AHORA MIDEN CINCO METROS DE LARGO. CAZAN EN MANADA.

CUANDO ENCUENTRAN A SU PRESA SE DIVIDEN EN DOS GRUPOS.

VIERON UNA MANADA DE PAQUICEFALOSAURIOS. UN PAR DE TIRANOSAURIOS CORRE HACIA SU PRESA.

EL OTRO PAR ESPERA. CUANDO LOS PAQUICEFALOSAURIOS SE ACERQUEN LO SUFICIENTE SALDRÁN CORRIENDO DE SU ESCONDITE PARA EMBOSCARLOS.

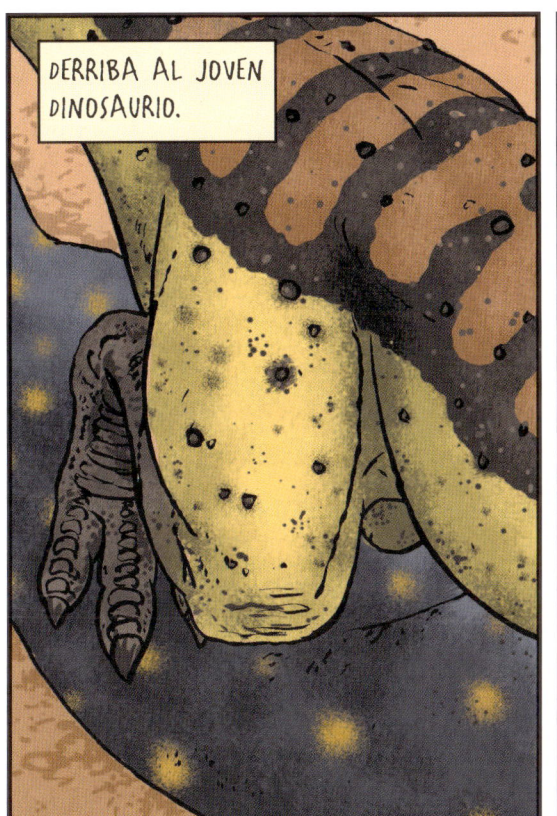

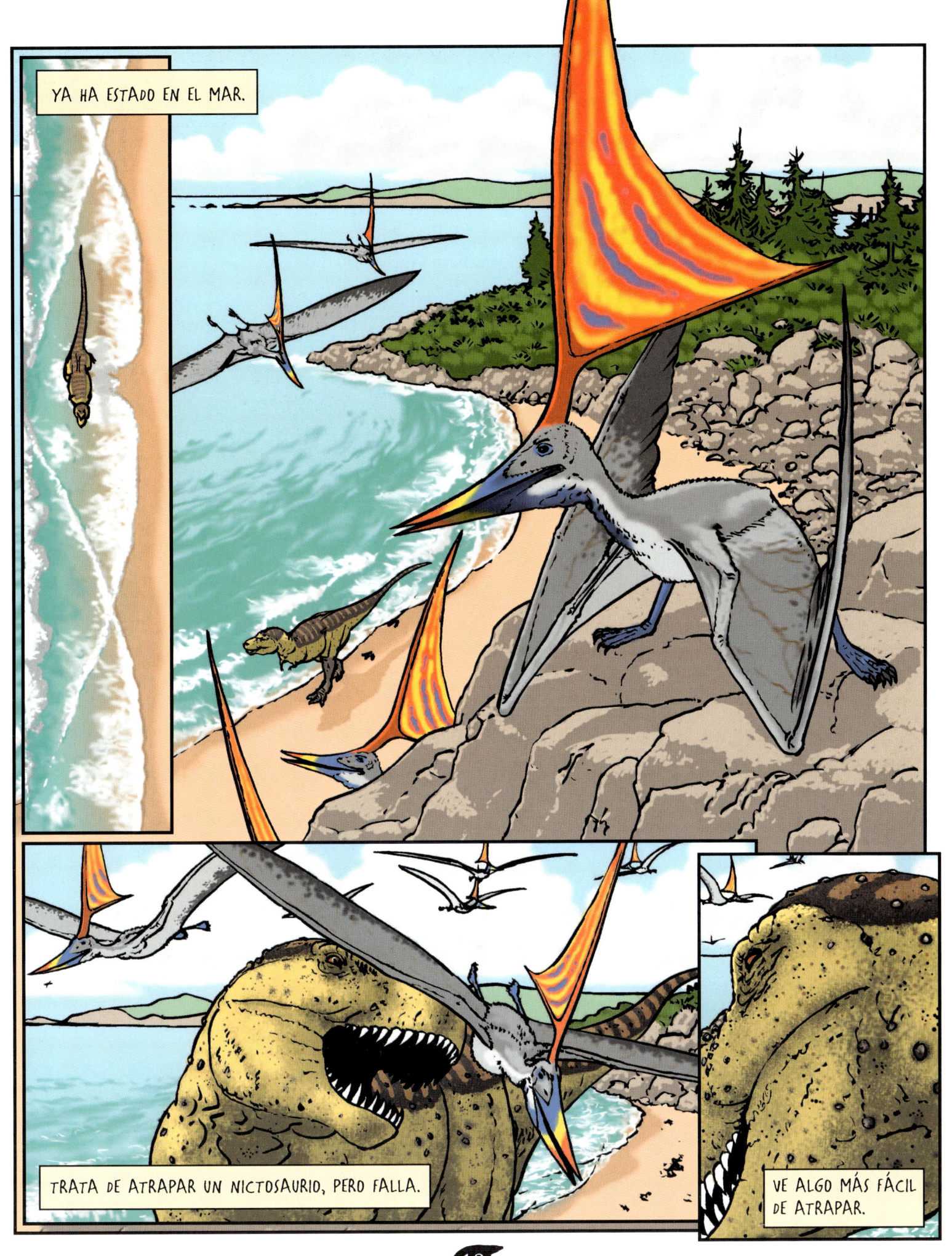

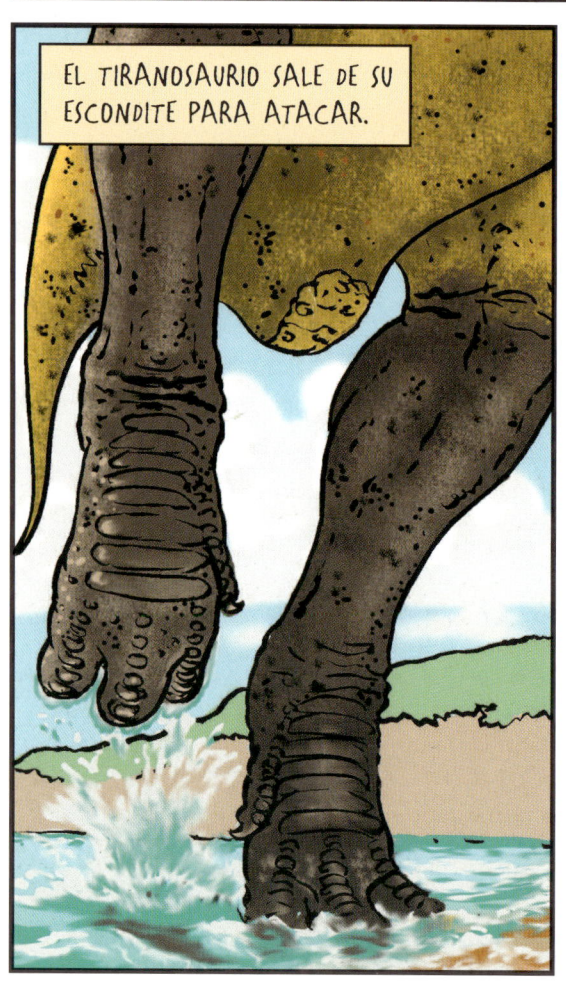

LOS PARKSOSAURIOS SON DEMASIADO RÁPIDOS. VUELVEN AL BOSQUE Y DESAPARECEN.

HASTA HACE POCO TIEMPO QUIZÁ HUBIERA PODIDO ALCANZARLOS. PERO HA CRECIDO DEMASIADO Y YA NO PUEDE CORRER RÁPIDO. VE UNA BANDADA DE ICTIORNIS. ALGO LOS HA ALBOROTADO.

EL MAR ARROJÓ UNA TORTUGA MUERTA.

EL TIRANOSAURIO SACA DEL AGUA A LA TORTUGA GIGANTE.

EL CAPARAZÓN DE LA TORTUGA ES DURO. EL TAMAÑO DEL TIRANOSAURIO LO HA VUELTO LENTO, PERO LE HA DADO UNA PODEROSA MORDIDA.

¡¡GRRCRONCH!!

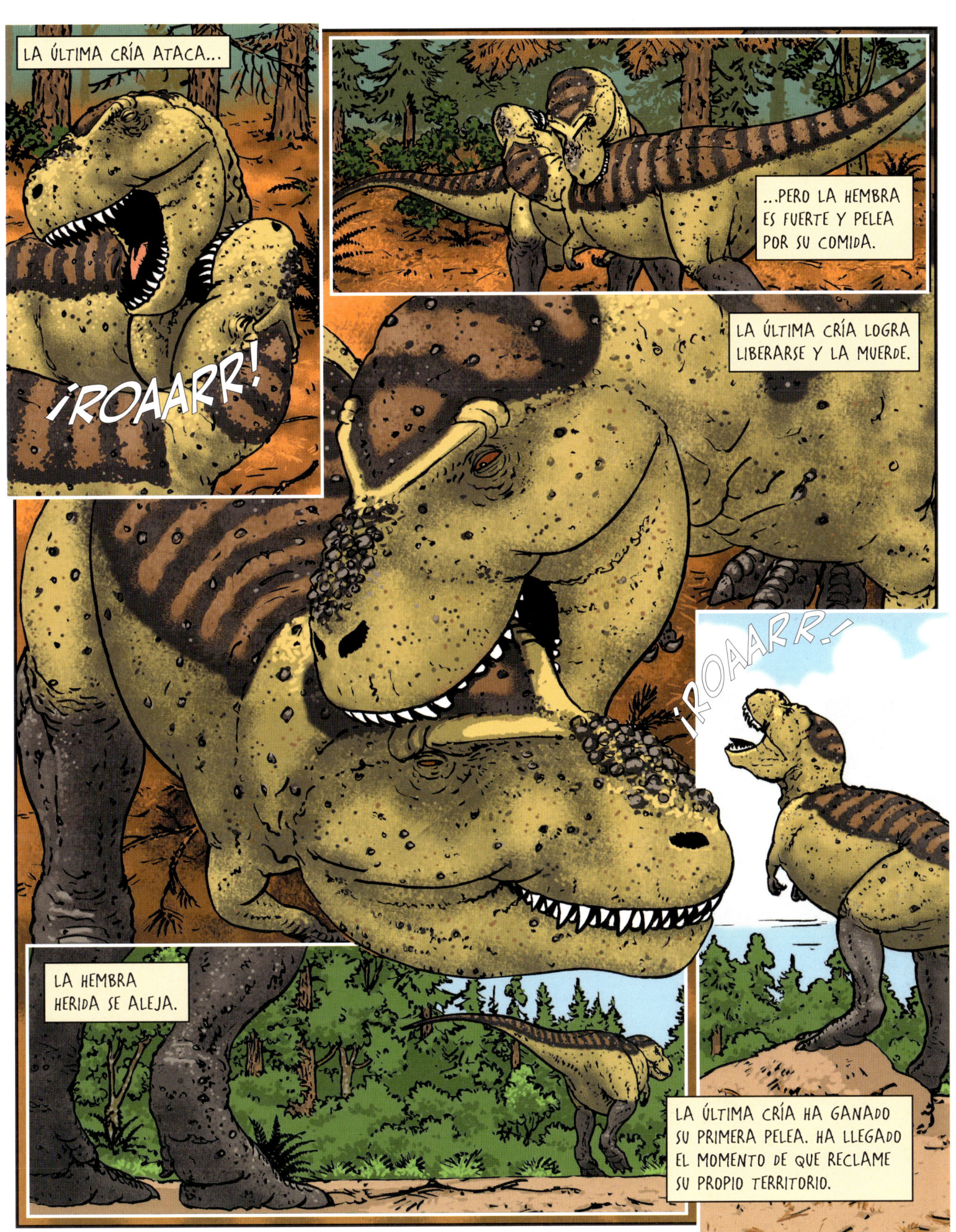

EL TIRANOSAURIO HUELE HUMO. CERCA DE AHÍ, UN INCENDIO PEQUEÑO HA CRECIDO DEMASIADO. EL FUEGO AVANZA RÁPIDAMENTE HACIA ÉL.

LOS ANIMALES QUE NORMALMENTE HUYEN DE ÉL, PASAN A SU LADO CORRIENDO TRATANDO DE ESCAPAR DE LAS LLAMAS.

EL TIRANOSAURIO SE DA CUENTA DE QUE ESTÁ EN PELIGRO.

LOS RESTOS FÓSILES

LOS CIENTÍFICOS HAN APRENDIDO CÓMO ERAN LOS DINOSAURIOS MEDIANTE EL ESTUDIO DE SUS RESTOS FÓSILES. LOS FÓSILES SE FORMAN CUANDO LAS PARTES DURAS DE UN ANIMAL O PLANTA QUEDAN ENTERRADAS Y SE CONVIERTEN EN ROCA A LO LARGO DE MILLONES DE AÑOS.

Los científicos no saben con certeza si el tiranosaurio rex era cazador o carroñero o ambas cosas. Al estudiar cuidadosamente un esqueleto de edmontosaurio en el Museo de Denver, EE.UU., los científicos notaron que partes de su cola habían sido arrancadas a mordidas. Vieron que la forma de la mordida era igual a la boca del tiranosaurio. También observaron que los huesos habían empezado a sanar. El edmontosaurio debió haber estado vivo cuando lo atacó el tiranosaurio. Y también debió haber escapado del ataque. El tiranosaurio rex pudo haber sido **carroñero** pero probablemente también cazaba.

Lo que sí sabemos es que los tiranosaurios peleaban con los de su misma especie. Sus esqueletos fósiles muestran heridas que sólo pueden haber sido causadas por otro tiranosaurio. Un esqueleto, apodado Stan, tiene un agujero de 2,5 centímetros en la parte trasera del cráneo. Un diente de tiranosaurio encaja perfectamente en él. Aunque la mordida no lo mató.

GALERÍA DE DINOSAURIOS

TODOS ESTOS ANIMALES APARECEN EN LA HISTORIA.

Atrociraptor
"Ladrón cruel"
Longitud: 1 m
Pequeño dinosaurio emplumado con una garra **retráctil** en el primer dedo de cada pata.

Chirostenotes
"Manos estrechas"
Longitud: 2 m
Carnívoro veloz con manos muy largas.

Nictosaurio
"Saurio murciélago"
Envergadura: 3 m
No era un dinosaurio sino un reptil volador.

Parksosaurio
"Lagarto de Parks"
Longitud: 2,5 m
Pequeño herbívoro que tenía pico en lugar de dientes frontales.

Paquicefalosaurio
"Reptil de cabeza gruesa"
Longitud: 5,5 m
Herbívoro de cráneo muy grueso y huesudo.

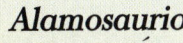

Alamosaurio
"Lagarto de Álamo"
Longitud: 21 m
Herbívoro gigante que pesaba 27.200 kilos (casi 30 toneladas)

Edmontosaurio
"Lagarto de Edmonton"
Longitud: 13 m
Herbívoro de gran tamaño que lleva el nombre del lugar en Canadá donde se descubrieron sus primeros fósiles.

GLOSARIO

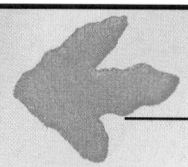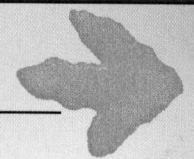

Carroñero Animal que se alimenta de otros animales que ya están muertos.

Cría Animal joven recién salido del huevo o que aún se está criando.

Emboscada Ataque sorpresa desde un escondite.

Fósiles Restos de seres vivos que se convirtieron en piedra.

Pánico Tener miedo súbitamente.

Periodo cretácico Periodo de tiempo que va desde hace 146 millones hasta hace 65 millones de años.

Presa Animal que es cazado por otro animal para comer.

Retráctil Algo que puede sacarse y volverse a esconder.

Territorio Área que controla un animal.

ÍNDICE

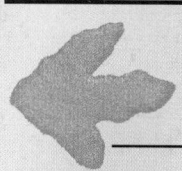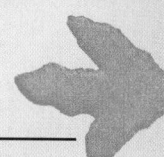

Alamosaurio 16-17, 31
Atrociraptor 11-12, 31
Carroñero 30, 32
Chirostenotes 12, 31
Cría 7, 9, 10, 11, 16, 17, 23, 24, 32
Edmontosaurio 24-25, 30, 31
Emboscada 6, 13, 14, 24, 32
Fósiles 4, 30, 31, 32
Nictosaurio 19, 31

Paquicefalosaurio 13-15, 31
Parksosaurio 20-21, 31
Periodo cretácico 4, 32
Presa 5, 13, 16, 32
Retráctil 31, 32
Territorio 18, 23, 29, 32
Tortuga gigante 21

J 567.9129 SHO Spanish

Shone, Rob.

Tiranosaurio

NOV 1 2 2014

MARY JACOBS LIBRARY
64 WASHINGTON STREET
ROCKY HILL, NJ 08553